了不起的北京中轴线

美术宝·编著

化学工业出版社
·北京·

内 容 简 介

北京中轴线是世界城市建设历史上最杰出的城市设计范例之一,也展现出北京城的精神与文化脉络。

本书介绍了北京中轴线的起源与演变、中轴线上的建筑及文化,以及建设过程中参与设计的建筑师等。书中按照地理位置从南至北,逐一介绍了北京中轴线上的重要建筑,以及其独特的历史与故事,对建筑特色、功能与用途进行了深入浅出的解读,帮助读者更好地理解北京中轴线,了解北京城的发展与变化,体会中华传统文化的魅力。

图书在版编目(CIP)数据

了不起的北京中轴线 / 美术宝编著 . —北京:化学工业出版社,2024.4
ISBN 978-7-122-45044-9

Ⅰ.①了… Ⅱ.①美… Ⅲ.①古建筑 – 非物质文化遗产 – 北京 – 青少年读物 Ⅳ.① G122-49

中国国家版本馆 CIP 数据核字(2024)第 032777 号

责任编辑:丰 华 李 娜　　　文字编辑:郭 阳
责任校对:王 静　　　　　　　封面设计:刘子鹏

出版发行:化学工业出版社(北京市东城区青年湖南街13号　邮政编码100011)
印　　装:北京尚唐印刷包装有限公司
787mm×1092mm　1/12　印张6　字数54千字　2024年5月北京第1版第1次印刷

购书咨询:010-64518888　　　　　售后服务:010-64518899
网　　址:http://www.cip.com.cn
凡购买本书,如有缺损质量问题,本社销售中心负责调换。

定　价:55.00元　　　　　　　　　　　　　　　　　　　版权所有　违者必究

前 言

北京中轴线文化遗产是什么？

北京中轴线文化遗产是指北端为北京钟鼓楼，南端为永定门，纵贯北京老城，全长7.8公里，由古代皇家建筑、城市管理设施和居中历史道路、现代公共建筑和公共空间共同构成的城市历史建筑群。

北京中轴线是世界上现存最长、最完整的古代城市轴线，而"中轴线"一词是由著名的建筑学家梁思成先生提出的，他将中轴线上高低起伏的建筑群形容为"凝动的乐章"。

这条由建筑群组成的轴线，代表了中国古代都城建设的最高水平，印刻着700多年北京城的变迁，蕴含着深厚的中华民族文化。曾经，它既是皇权的象征，又是市井文娱之地，它见证了北京城的每个历史时刻。现在，它通过历史的记忆与文化的传承，是中外游客争相打卡的景点。未来，希望它成为全世界的文化遗产，更好地为中华文化的传播助力。

美术宝教育创始人兼 CEO

甘凌

目录

开始出发喽,快来和我一起探寻北京中轴线吧!

历史上的北京城 …………………… 01

北京中轴线的演变 …………………… 02

北京中轴线的设计师 …………………… 04

段落景观 …………………… 06

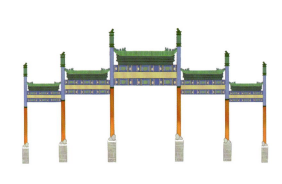

南段 …………………… 08

天坛·祈年殿 …………………… 10
祈年殿是如何建成的? …………………… 12
正阳门 …………………… 14

中段南部 …………………… 16

人民英雄纪念碑 …………………… 18
升国旗奏国歌 …………………… 20
一起认识天安门 …………………… 22

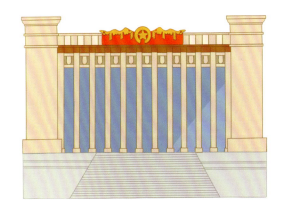

中段北部 ······ 26

- 紫禁城·外朝 ······ 28
- 外朝·午门 ······ 30
- 午门真正的作用是什么？······ 32
- 外朝·三大殿 ······ 34
- 三大殿·太和殿 ······ 36
- 内廷·后三宫 ······ 40
- 神武门·故宫博物院 ······ 42

北段 ······ 44

- 景山 ······ 46
- 鼓楼 ······ 48
- 钟楼 ······ 50
- 暮鼓晨钟——老北京的官方报时 ······ 52

向北延伸 ······ 54

- 国家体育场（鸟巢）······ 56
- 国家游泳中心（水立方）······ 58
- 奥林匹克森林公园 ······ 60

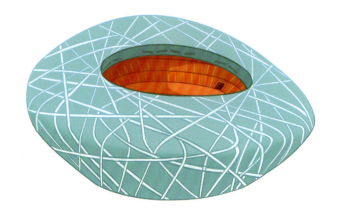

元

历史上的北京城

古时候的北京城并没有"中轴线"这一说法,但是"对称布局""天子居中"等概念在建筑设计中一直深入人心。元朝时期,元大都呈长方形设计,建筑布局左右对称,规划得非常整齐。明清在元代的基础上对北京城进行了改建和发展,北京城的中轴线布局也逐渐确定下来。

明

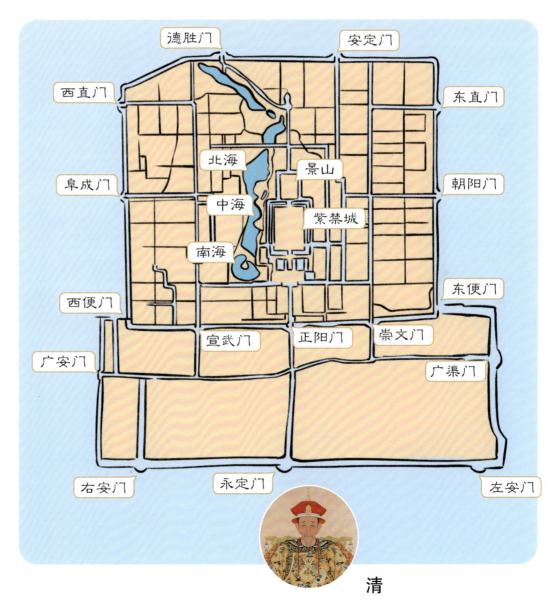

清

北京中轴线的演变

北京中轴线是指北京城市东西对称建筑的对称轴。从元代定都北京起，历经元明清三代，7个多世纪，最终形成了今天所见的古代皇家建筑、城市管理设施和历史道路、现代公共建筑和公共空间等，共同构成的城市历史建筑群，是纵横古今的中国艺术。

北京中轴线南起永定门，北至钟鼓楼，全长7.8千米。

始建：
1267年，元大都城开始规划建设，都城形态参考《周礼·考工记》中"九经九纬，左祖右社，面朝后市"的规划制度，以金朝的离宫太宁宫（也叫大宁宫、万宁宫），以及附近的湖泊（今积水潭）为设计中心，南北、东西干道各9条。其中，南北向正中的干道，南起丽正门，北到中心台（今鼓楼位置），这就是最初的北京中轴线。

元代

调整完善：
清代沿用了明代北京城的中轴线格局，对部分建筑物进行了重建和局部调整，比如重修承天门，改名天安门，在景山修建绮望楼、寿皇殿、五亭等。而最重要的变化是增加了市场的分布，丰富了百姓的活动，中轴线及周边地区的商业网逐步形成，有天桥、前门、东单、西单、东四、西四等区域。

清代

明代

格局形成：
1406年，明代北京城开始建设。相较于元代，明代北京城的布局是整体南移的，中轴线东移了约150米，北部城墙内迁，南部加筑外城。北京城的中心也因此南移到万岁山，今景山的位置，之前元代的中心台附近修建了钟楼和鼓楼，作为中轴线北部的端点。太庙和社稷坛根据"左祖右社"的形制立于两侧。由于外城的建筑，中轴线向南延展到永定门。此时，北京城的中心位置在正阳门。

快来跟我一起探索北京中轴线文化吧！

北京雨燕

中轴线上的"老住户"，对传统文化特别痴迷，祖辈历代久居在故宫、颐和园等古建筑群的横梁缝隙中，是喜欢群居的夏候鸟。因飞行速度极快，被称为"飞行专家"。

公众化转变：

原有的宫殿、苑囿、坛庙建筑陆续对公众开放，社稷坛改为了中央公园（今中山公园），先农坛改造为城南公园，天坛改为天坛公园，紫禁城开放为故宫博物院。同时，因为交通的发展，也拆除了一些建筑，比如正阳门的瓮城、地安门、永定门、中华门等。1977 年，天安门广场及相关历史建筑群完成扩建，人民英雄纪念碑、毛主席纪念堂、人民大会堂等，纪念、服务于新时代的建筑陆续建造完成。

保护发展：

北京中轴线的规划、保护与延续工作逐步展开，2004 年永定门城楼复建，复建后的永定门城楼再次标明北京中轴线南端点的位置。2008 年，北京中轴线北延，东侧修建了国家体育中心"鸟巢"，西侧修建了国家游泳中心"水立方"，南延至北京大兴机场。

20 世纪　　　　**21 世纪**

北京中轴线的设计师

刘秉忠（元）

全能规划设计师

刘秉忠是元代初期杰出的政治家、文学家，以及城市设计师。他为元朝主持修建了两座都城——元上都和元大都，其中对元大都的规划设计奠定了北京城的雏形。

年少成名的建筑天才

蒯祥（明）
Kuǎi

蒯祥吴县香山（今江苏苏州胥口）人，年少成名。明朝迁都北京后，年仅20岁的他便参与修建承天门和皇城三大殿等建筑，并凭借出色的表现让皇帝大加赞赏，称他为"蒯鲁班"，之后负责带领当时天下的工匠修建皇家工程。后来由他带领的香山帮建造了很多中国历史上的著名建筑。

梁九（清）

擅制模型的宫殿建筑专家

清代建筑家，清代初年宫廷内的重要建筑工程大都由梁九负责营造。清康熙三十四年（1695年）太和殿被焚毁，由梁九主持重建。动工以前，他按十分之一的比例制作了太和殿的木模型，其形制、构造、装修和实物几乎一模一样，然后根据模型施工，当时被誉为绝技。

郭守敬（元）

科学家和水利设计师

元朝著名的天文学家、数学家、水利工程专家。元大都投入使用后不久需要改良漕运，郭守敬的方案得到了皇帝的认可，负责修治运河。耗时一年，通惠河修成，南方的物资可以通过运河到达元大都的中心。

段落景观

北京中轴线景观的平面规划采用对称布局，共分为北段、中段北部、中段南部与南段四个段落。

构成：钟楼、鼓楼、万宁桥、寿皇殿、景山·万春亭

特点：北段是故宫后方从景山到钟鼓楼的区域，其中鼓楼和钟楼是中轴线的观景台和北京的报时中心。

北段

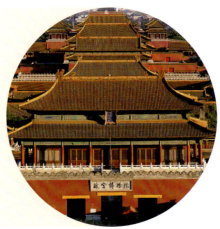

构成：故宫、太庙、社稷坛

特点：故宫是北京中轴线最重要的部分，作为世界级文化遗产的故宫在北京中轴线上熠熠生辉。

中段北部

中段南部

构成：天安门、天安门广场、人民英雄纪念碑、毛主席纪念堂、中国国家博物馆、人民大会堂等。

特点：平坦开阔、对称均衡、和谐统一，具有鲜明的时代特征。

南段

构成：正阳门、前门大街、天桥南大街、永定门等。

特点：南段商业街区繁荣热闹，各种商品铺子琳琅满目，有着众多的传统老字号店铺。

07

南段

雨燕说

北京的"五坛八庙"

"五坛"大多指的是天坛、地坛、日坛、月坛和先农坛,是明清两朝帝王祭天、地、日、月、山川、太岁等神祇的地方;"八庙"指的是太庙、奉先殿、传心殿、寿皇殿、雍和宫、堂子、历代帝王庙和北京孔庙。

先农坛·太岁殿

先农坛是明清两代祭祀山川、神农等诸神的祭坛。

先农坛始建于明永乐十八年(1420年),与天坛东西对应。总面积860平方米,原由内外两道坛墙围成,外坛围墙长达4378米。太岁殿位于先农坛内坛建筑的中心地带,建筑体量最大。

由此进入

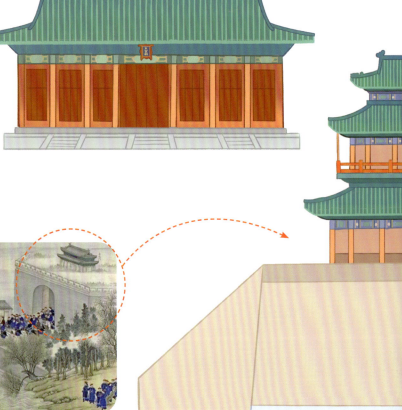

永定门是明清两代城市防御体系和城市建设管理的重要组成部分。

《康熙南巡图》局部

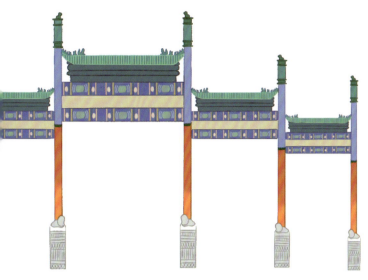

天坛·祈年殿

天坛是明清两代祭天、祈谷、祈雨的场所。

北京天坛是世界文化遗产，始建于明永乐十八年（1420年），一直沿用至清末，是现存的最完整的中国古代祭天建筑群。祈年殿是天坛的主体建筑，又称"祈谷殿"，是一座三层重檐圆形大殿。

五牌楼

是正阳牌楼*的俗称，为五间六柱式。

明朝正统四年（1439年）建成，2001年第一次重建，2008年第二次重建。

* 牌楼：做装饰用的建筑物，多建于街市要冲或名胜之处。

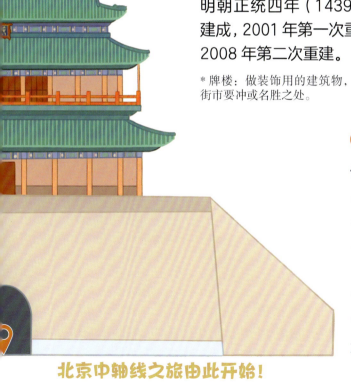

永定门

也称"永安门"，寓意"永远安定"，是北京中轴线的南起点。

1553 年：永定门始建于明嘉靖三十二年。
1564 年：明嘉靖四十三年增建瓮城。
1766 年：乾隆三十一年修缮永定门，扩建永定门城楼为七开间，三重檐形式，并增筑箭楼。
1950 年：拆除瓮城。
1957 年：永定门的城楼、箭楼被相继拆除。
2004 年：北京市仿照乾隆年间的样式，根据民国时期对永定门测绘的资料，复建了永定门城楼。

北京中轴线之旅由此开始！

天坛·祈年殿

你知道为什么祈年殿要建成圆形的蓝顶吗?

建设沿革

天地坛·大祀殿: 明永乐十八年(1420年)建坛之初,天地合祭。

祈谷坛: 嘉靖九年(1530年)实行四郊分祭制度,在北郊安定门外建地坛以祭地,在大祀殿南建圜丘以祭天,大祀殿弃用,改为祈谷坛,天坛便专门作为祭天、祈谷的场所。

天坛·大享殿: 嘉靖十九年(1540年),在坛上另建大享殿,大享殿已经和今天的祈年殿样式比较接近,但屋顶的颜色不同,从上至下的三层屋顶分别为蓝、黄、绿三色琉璃瓦。

天坛·祈年殿: 乾隆十五年(1750年)改建大享殿,全部改为蓝色琉璃瓦,更名为祈年殿。光绪十五年(1889年)祈年殿毁于雷火,次年重建,光绪二十二年(1896年)完工。

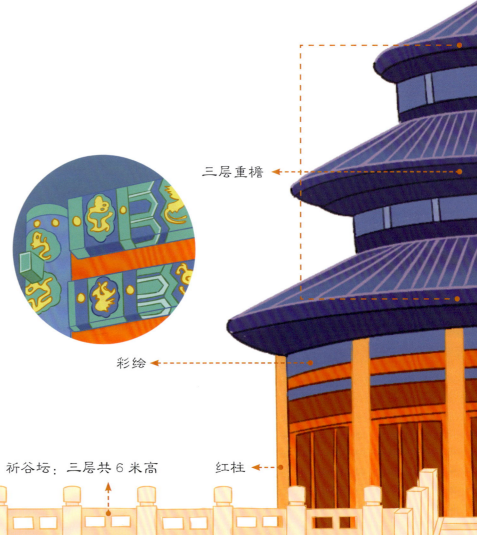

三层重檐

彩绘

红柱

祈谷坛:三层共6米高

鎏金宝顶

蓝瓦

设计思想

祈年殿是按照"敬天礼神"的思想设计的，殿为圆形，象征天圆；瓦为蓝色，象征蓝天。这种设计受到了"天蓝地黄"传统观念的影响。

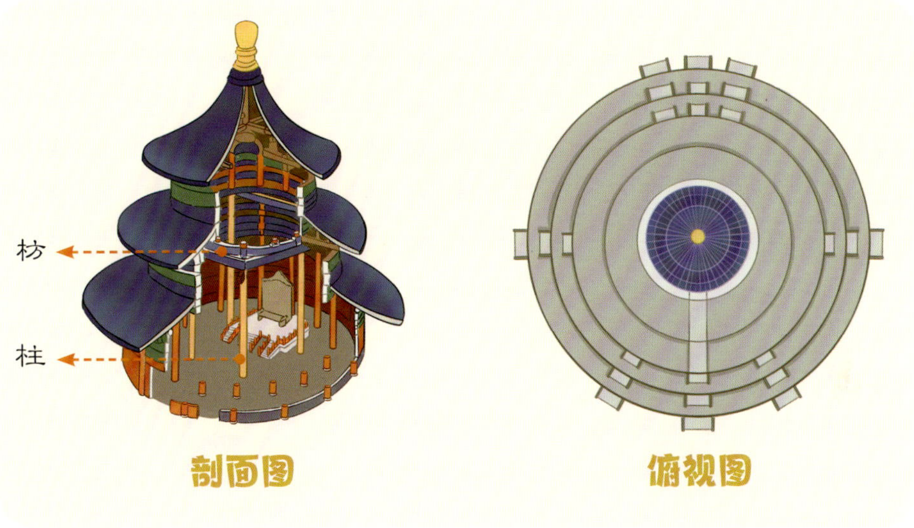

枋

柱

剖面图　　　俯视图

结构形态

祈年殿是一座三层重檐圆形大殿。

祈年殿采用的是上殿下屋的构造形式，大殿内部没有常见的大梁和长檩（lǐn），檐顶以柱和枋承重，共有28根楠木大柱，柱子环转排列。

祈年殿的殿座就是圆形的祈谷坛。

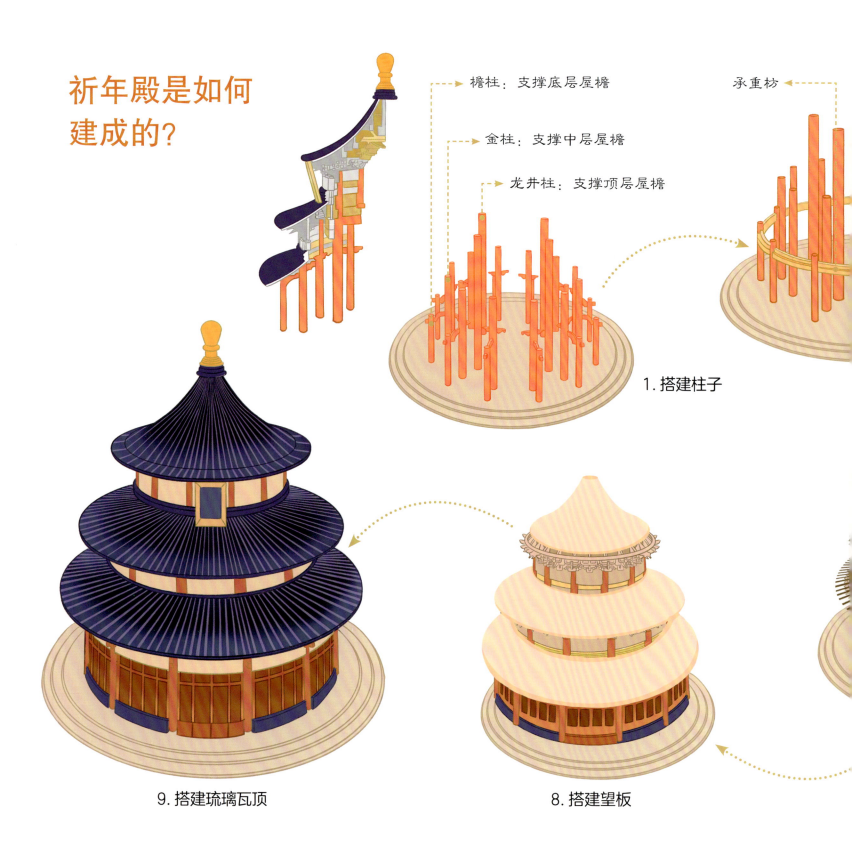

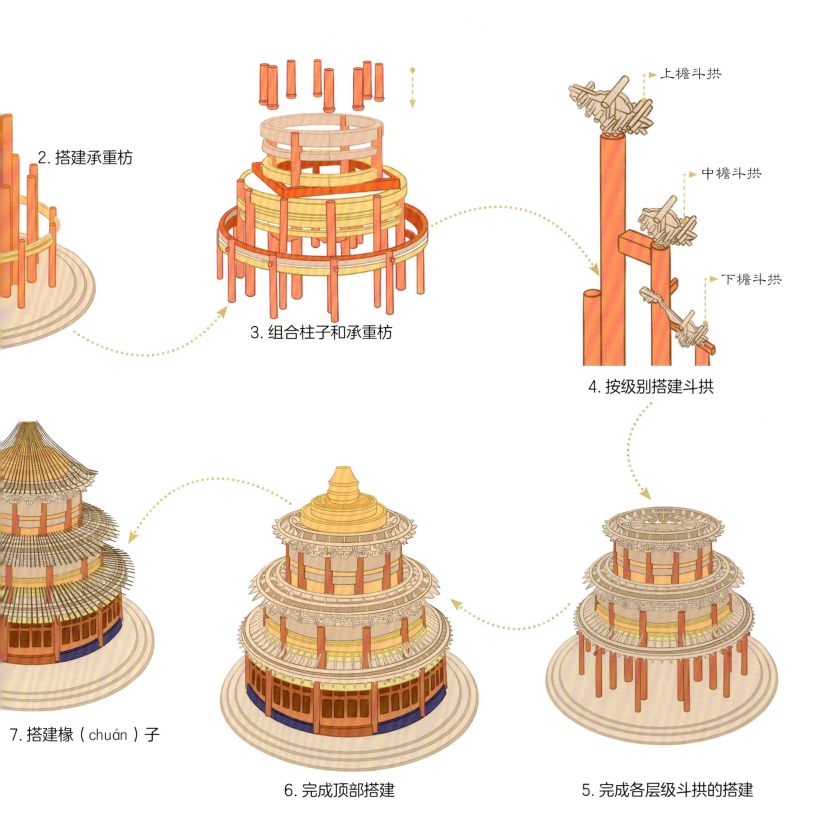

正阳门

一起看看北京中轴线南段上的诸多建筑吧!

正阳门城楼

正阳门俗称"前门",是明清两朝北京内城的正南门。

始建于明成祖永乐十七年(1419年),位于天安门广场南端。

正阳门之前叫丽正门,始建时只有城楼一门,之后增修了箭楼、瓮城、东西闸楼、正阳桥和五牌楼,也就是"四门三桥五牌楼"的空间格局,形成了一座既有防御作用又有礼仪功能的建筑。

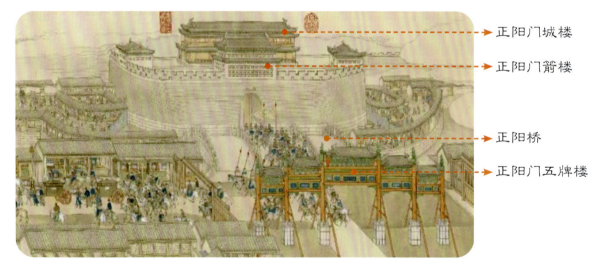

→ 正阳门城楼
→ 正阳门箭楼
→ 正阳桥
→ 正阳门五牌楼

《乾隆南巡图》局部

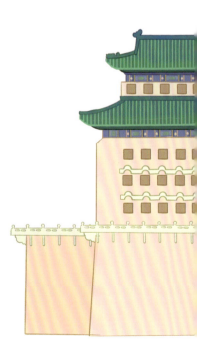

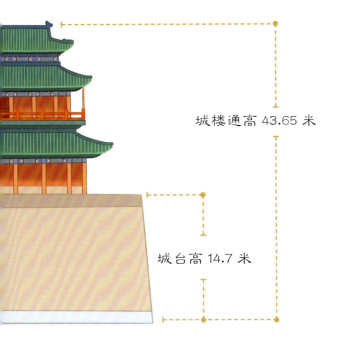

城楼通高 43.65 米

城台高 14.7 米

四门三桥五牌楼

正阳门箭楼、城楼、瓮城、正阳桥和五牌楼是一组布局合理、造型庄严、气势凝重的建筑群。

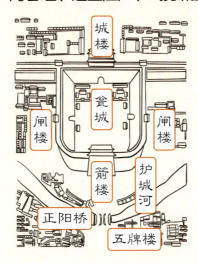

四门：指城楼门洞，箭楼门洞，瓮城两侧的东、西闸楼各一个门洞。

三桥：指箭楼前方护城河上的正阳桥，其实是一座桥面宽阔的石拱桥，被分隔为三路。

五牌楼：指正阳桥南边的跨街牌楼。

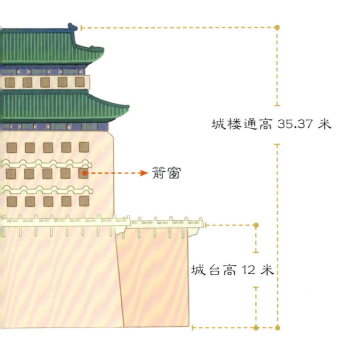

城楼通高 35.37 米

箭窗

城台高 12 米

正阳门箭楼

箭楼是古代城门上的楼，其上有供远望、射箭的窗孔。

正阳门箭楼始建于明正统四年（1439 年），建筑形式为砖砌堡垒式，东、南、西三面开有箭窗。门洞为五券五伏的拱券式，开在城台正中。

正阳门是内城九门中唯一箭楼开门洞的城门，箭楼城门日常关闭不开，官民从瓮城东西闸楼下的侧门进出，只有在南郊进行祭天等礼仪活动时，箭楼城门才会开启，且仅供皇帝御驾通行。

中段南部

人民大会堂

是党、国家和各人民团体举行政治、外交、文化活动的场所。

人民大会堂是全国人民代表大会开会地和全国人民代表大会常务委员会的办公场所。人民大会堂坐西朝东,南北长336米,东西宽206米,高46.5米,占地面积15万平方米,建筑面积17.18万平方米。

毛主席纪念堂

是为纪念开国领袖毛泽东而建造的。

毛主席纪念堂于1977年9月9日举行落成典礼并对外开放。主体建筑为柱廊型正方体,外有44根黄色花岗石建造的明柱,柱间装有石湾花饰陶板,通体花岗石贴面。屋顶有两层玻璃飞檐,檐间镶葵花浮雕。基座有两层平台,台帮全部用枣红色花岗石砌成,四周环以汉白玉万年青花饰栏杆。

人民英雄纪念碑

为纪念中国近现代史上的革命烈士而修建的纪念碑。

人民英雄纪念碑通高 37.94 米，是中国历史上最大的纪念碑。纪念碑由 17000 块花岗石和汉白玉砌成，碑心镌刻着毛泽东同志所题写的"人民英雄永垂不朽"八个镏金大字。

中国国家博物馆

是代表国家收藏、研究、展示、阐释中华文化代表性物证的最高历史文化艺术殿堂，也是国家文化客厅。

中国国家博物馆的前身可追溯至 1912 年成立的国立历史博物馆筹备处。2003 年，中国历史博物馆和中国革命博物馆合并组建成为中国国家博物馆。

人民英雄纪念碑

- 位　　置：北京天安门广场中心
- 奠　　基：1949年9月30日
- 材　　料：花岗岩和汉白玉石
- 高　　度：37.94米
- 东 西 宽：50.44米
- 南 北 长：61.54米
- 占地面积：3000平方米

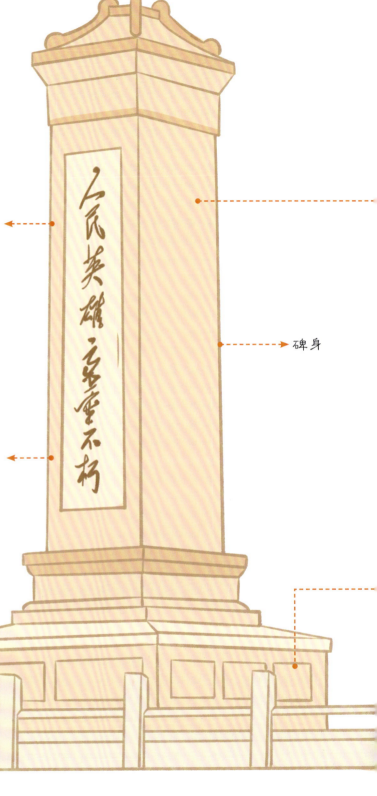

正面碑心

碑心是一整块花岗岩，高14.7米、宽2.9米、厚1米，重60.23吨，镌刻着毛泽东同志于1955年6月9日所题写的"人民英雄永垂不朽"八个镏金大字。

最大的纪念碑

通高37.94米，相当于十层楼的高度，比天安门城楼还要高一些。

碑身

汉白玉栏杆

背面碑文

背面碑心由 7 块石材构成，内容为毛泽东起草、周恩来题写的 150 字小楷字体碑文。

须弥座的历史浮雕

下层大须弥座的束腰部，四面镶嵌着十幅巨大的汉白玉浮雕，其中八幅作品反映了 1840 年以来各个时期的人民英雄事迹，分别以虎门销烟、金田起义、武昌起义、五四运动、五卅运动、南昌起义、抗日游击战争、胜利渡长江为主题。在胜利渡长江的浮雕两侧，另有两幅以支援前线和欢迎中国人民解放军为题的装饰性浮雕。

升国旗奏国歌

雨燕说

升降国旗的时间

天安门广场升降旗仪式的时间并不是固定的，而是根据北京每天日出日落的时间而决定的。

国旗图案的含义

中华人民共和国国旗是五星红旗，为中华人民共和国的象征和标志。国旗旗面的红色象征革命。旗上的五颗五角星及其相互关系，象征共产党领导下的革命人民大团结。五角星用黄色是为了在红地上显出光明，四颗小五角星各有一角正对着大星的中心点，表示围绕着一个中心而团结。

国旗

中华人民共和国第一面国旗

1949年10月1日，中华人民共和国第一面国旗由毛泽东在天安门广场升起。

国旗的更换

为确保国旗的圣洁和完整，天安门广场上空的国旗基本上每天都要更换一面。每逢重大节日，必须更换新国旗。

国旗杆

国旗旗杆的更换

第一根国旗旗杆是1949年开国大典毛泽东升旗时用的那根旗杆，高22米。1991年重建了国旗旗杆，高度达32.6米。

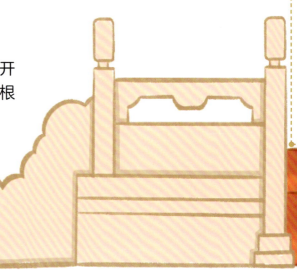

高度：32.6 米

天安门

天安门是明清两代北京皇城的正门,到了现代成了中国的标志性建筑。

天安门始建于明朝永乐十五年(1417 年),最初名为"承天门"。清朝顺治八年(1651 年)更名为天安门。在古代只有皇帝才可以由此出入。

1949 年 10 月 1 日,在天安门举行了中华人民共和国开国大典,天安门的形象由此被设计进国徽,并成为中华人民共和国的象征。正中门洞上方悬挂着毛泽东画像,两边分别是"中华人民共和国万岁"和"世界人民大团结万岁"的大幅标语。

一起认识天安门

天安门是著名的重檐歇山顶建筑,你知道什么是重檐歇山顶吗?

所在位置

- 建筑特征:由城楼和城台组成,城台下有券门五阙,中间的券门位于中轴线上。
- 设 计 者:蒯祥(明)。
- 占地面积:4800 平方米。
- 主要色彩:红、黄、白。
- 意　　义:杰出的建筑艺术和特殊的政治地位为世人所瞩目,是中华人民共和国的象征。

重檐歇山顶

"歇山"是清代的叫法,在清代之前,又称"曹殿""厦两头造""九脊殿"等。歇山顶共有九条屋脊,即一条正脊、四条垂脊和四条戗(qiàng)脊,由于其正脊两端到屋檐中间"折断"了一次,分为垂脊和戗脊,好像"歇"了一下,故名歇山顶。

歇山顶分单檐和重檐两种,所谓重檐,就是在歇山顶的下方,再加上一层屋檐。

屋面

朱红色城台

重檐

名字的由来

天安门最初名为"承天门",取"承天启运,受命于天"之意。清顺治年间,经大规模改建后,改名为"天安门",取"受命于天,安邦治国"之意。

"九"的设计

"九"这个数字在天安门建筑的设计中随处可见,如城楼有面阔九间;檐角有脊兽九只;门窗共 36 扇,为四"九";城台每扇券门的门钉共 81 颗,为九"九"等,以喻天数。

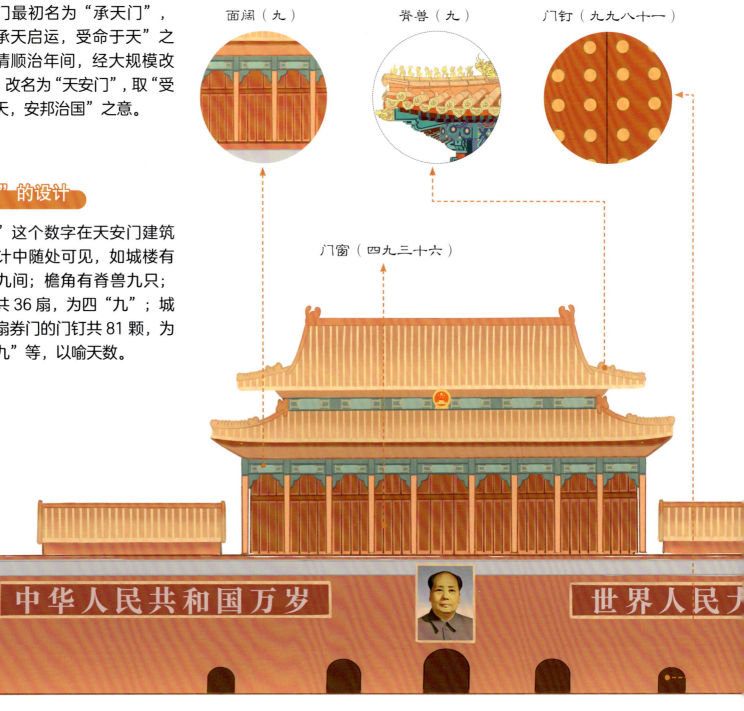

面阔(九)　　脊兽(九)　　门钉(九九八十一)

门窗(四九三十六)

颁布圣旨——"金凤颁诏"

天安门是明清两朝历代帝王举行"金凤颁诏"的重地。金凤颁诏,是皇帝登基、册立皇后等重大庆典时在天安门进行的颁诏仪式。皇帝下达诏书后,经过一系列的仪式呈于天安门城楼宣读,之后将诏书衔放在一只木制"金凤"的口中,然后从城楼正中堞口用彩绳将"金凤"放下,城楼下有人以雕成云朵状的漆盘接旨,送到礼部抄写后分送各地、布告天下。

华表

民族图腾

明永乐年间建造承天门时建立的两对华表,巧妙地点缀了天安门,增强了古老建筑艺术的整体感。华表是天安门的重要标志,也是中华民族的重要图腾。

寓意

天安门门前那对华表上的石犼面向宫外,名为"望君归",意为盼望皇帝尽快回宫料理国事;后面的那对华表上的石犼面向宫内,名为"望君出",劝诫皇帝不要老待在宫内寻欢作乐,应常到宫外去了解百姓的苦难。

瑞兽"犼"
承露盘
云纹
盘龙

中段北部

北京故宫，旧称"紫禁城"，始建于明成祖永乐四年（1406年）。

北京故宫

- **1406年**　明成祖朱棣下诏以南京皇宫为蓝本，修建北京皇宫和城垣。
- **1420—1421年**　北京皇城建成，朱棣从南京迁都北京。
- **1644年**　李自成带领农民起义攻陷北京，明朝灭亡，紫禁城被焚毁。
- **1695年**　清代修缮工程基本完工。
- **1925年**　北京故宫博物院正式成立。
- **1949年**　中华人民共和国成立，对北京故宫建筑进行了大规模的修缮。
- **1987年**　北京故宫被联合国教科文组织列为"世界文化遗产"。

营建原则

故宫严格地按《周礼·考工记》中面朝后市、左祖右社的帝王都城营建原则建造。整个故宫，在建筑布置上，用形体变化、高低起伏的手法，组合成一个整体，既在功能上符合封建社会的等级制度，同时又达到了左右均衡和丰富多变的艺术效果。

世界上最大的木结构古建筑群

故宫有四座城门，南面为午门，北面为神武门，东面为东华门，西面为西华门。外围城墙的四角，各有一座风姿绰约的角楼，民间有"九梁十八柱七十二条脊"之说，来形容其结构的复杂。北京故宫是世界上现存规模最大、保存最为完整的木质结构古建筑群之一。

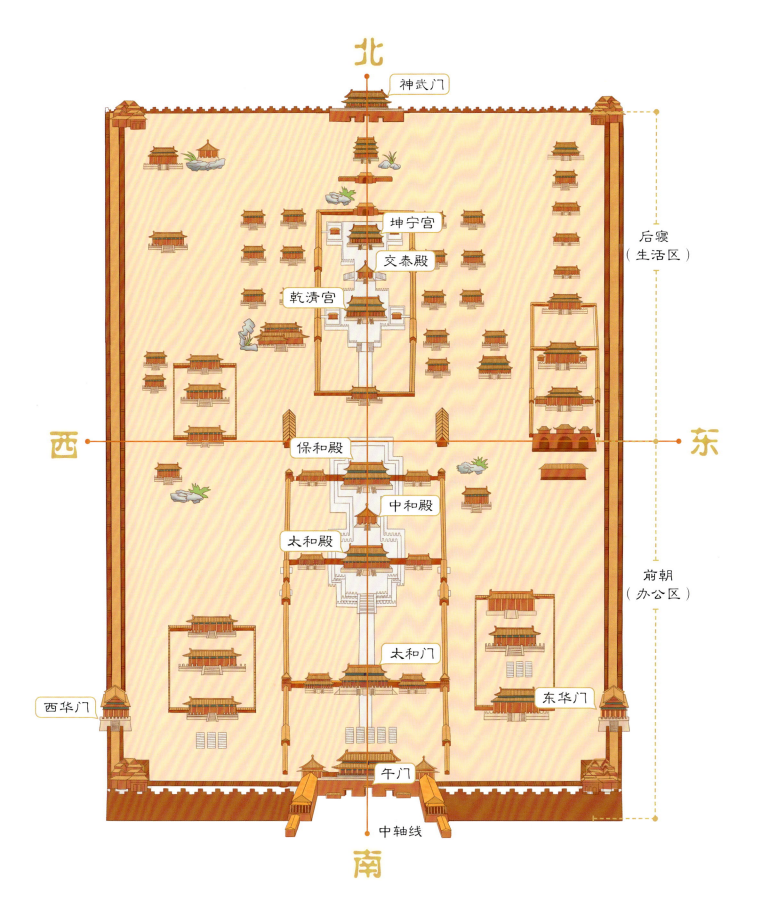

紫禁城·外朝

外朝是指皇帝和官员们举行典礼和政治活动的场所，包括大清门（现已未存）、天安门、端门、午门、三大殿及其东西两翼。

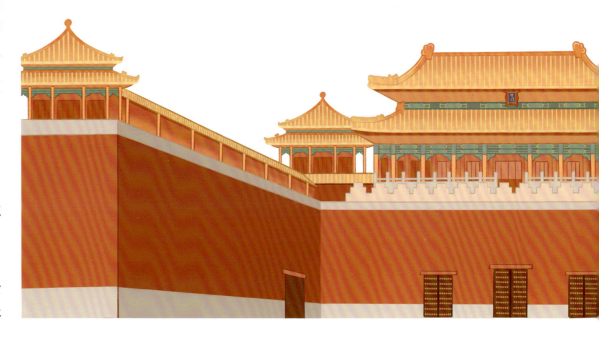

午门

进行"颁朔"典礼、"献俘礼"，彰显皇威的地方。

午门是紫禁城宫城的正门，平面呈"凹"字形，分上下两部分，下方墩台，正中开三门，两侧各有一座掖门。每年腊月初一进行"颁朔"典礼，颁布次年历书。也是明代皇帝处罚大臣的"廷杖"之地。

社稷坛

是皇帝祭祀土神和谷神的地方。

社稷坛与太庙相对，分别位于天安门的东西两侧，体现了"左祖右社"的帝王都城设计原则，主体建筑有社稷坛、拜殿及戟门等。祭坛外呈正方形，寄寓"天圆地方"。祭坛上层按照中国东、南、西、北、中的方位，分别铺设青、红、白、黑、黄五种不同颜色的土壤，俗称"五色土"。

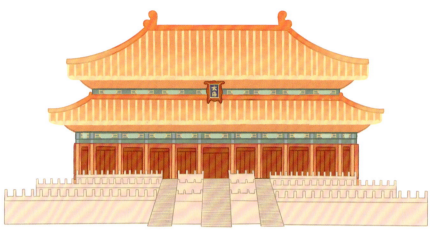

太庙

是皇帝举行祭祀的地方。

北京太庙是中国现存较完整、规模宏大的皇家祭祖建筑群。太庙之内收录着本朝皇帝的神位，从朝代建立之初到历任皇帝的更迭，可以被认作是一个朝代的"记录史册"。

端门

是存放皇帝仪仗用品的地方。

端门在午门和天安门之间，建筑结构和风格与天安门相同。每逢皇帝举行大朝会或者出巡，各种仪仗排列在甬道两旁，钟鼓齐鸣，以显示封建皇权至高无上的威严。

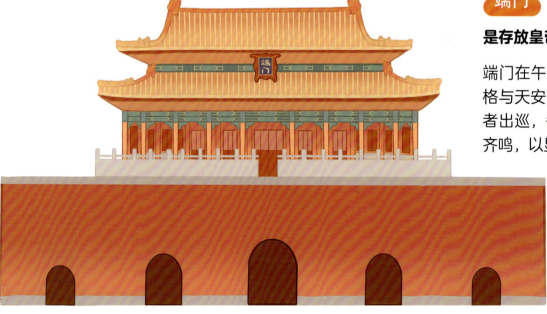

外朝·午门

- 午门始建于明永乐十八年（1420年）。
- 通高38米，墩台高12米。
- 门前开阔地面积达9900平方米。
- 重要的礼仪场所，彰显皇帝威严，举行典礼。

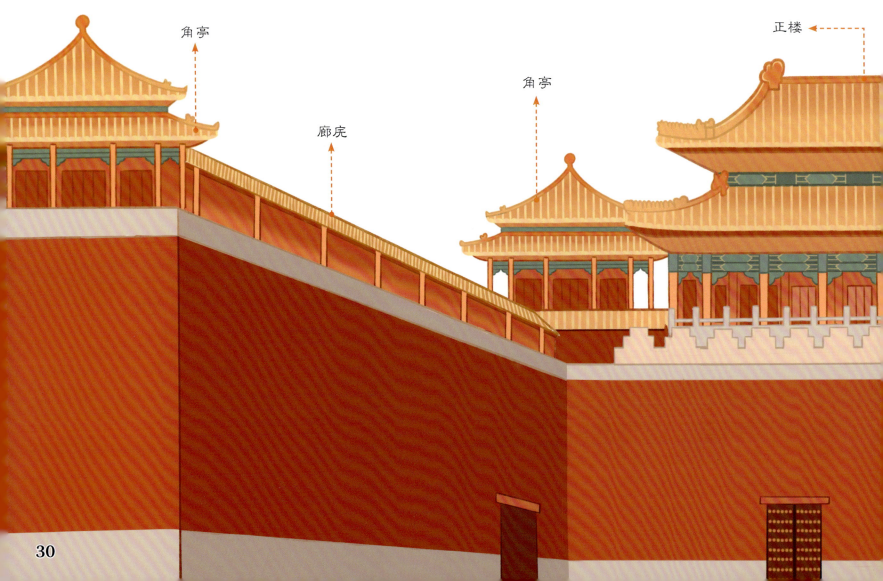

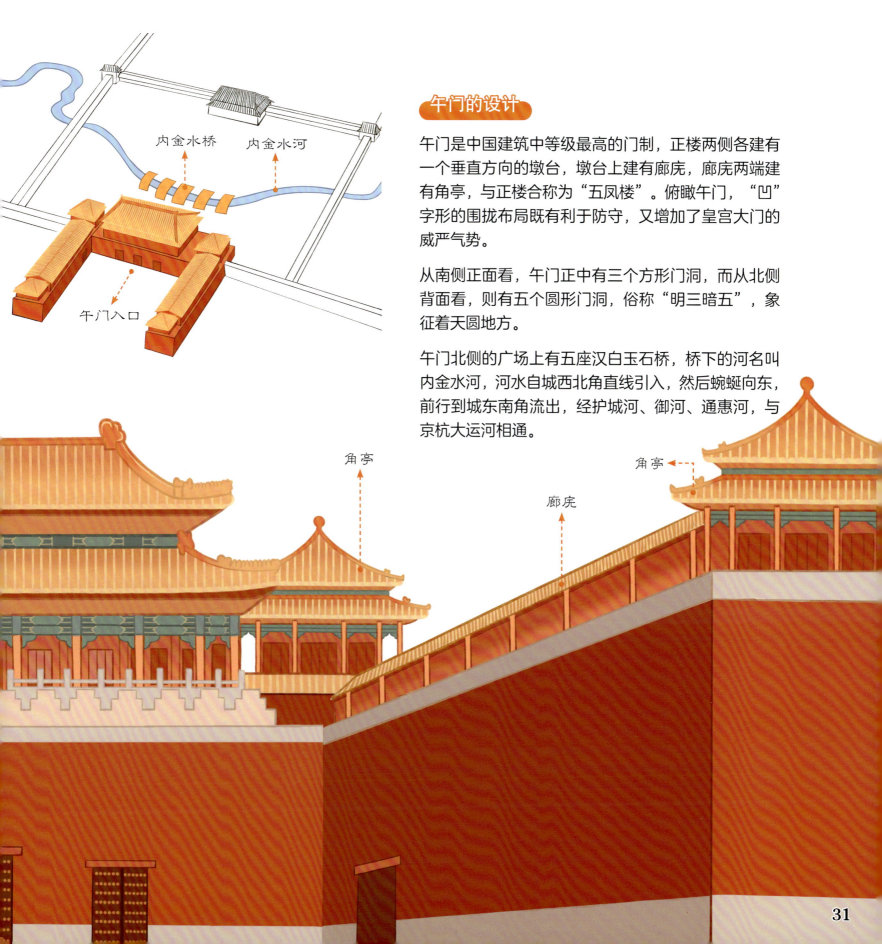

午门的设计

午门是中国建筑中等级最高的门制,正楼两侧各建有一个垂直方向的墩台,墩台上建有廊庑,廊庑两端建有角亭,与正楼合称为"五凤楼"。俯瞰午门,"凹"字形的围拢布局既有利于防守,又增加了皇宫大门的威严气势。

从南侧正面看,午门正中有三个方形门洞,而从北侧背面看,则有五个圆形门洞,俗称"明三暗五",象征着天圆地方。

午门北侧的广场上有五座汉白玉石桥,桥下的河名叫内金水河,河水自城西北角直线引入,然后蜿蜒向东,前行到城东南角流出,经护城河、御河、通惠河,与京杭大运河相通。

午门真正的作用是什么？

"推出午门问斩"是影视剧中经常出现的台词。但是历史中的午门作为紫禁城的正门，实际上和斩首毫无关系。那么午门真正的作用是什么呢？

廷杖而非斩首

廷杖是明代独有的刑罚，《明史·刑法志》记载：廷杖令锦衣卫行之。也就是说，若大臣提出的意见让皇帝不高兴了，皇帝就让锦衣卫用棍棒打那些大臣的屁股。虽然廷杖听起来没有"推出午门斩首"那么残酷，但是也并非"打屁股"那么简单。受过廷杖之刑的大臣非死即残，最轻的也需一年半载才能痊愈。

正德十四年（1519年），因群臣集体阻止皇帝去江南广采美女，朱厚照一气之下命人将146位大臣押到午门外进行杖刑，结果11人当场毙命。

领受皇恩

明朝时每逢节令，皇帝都在午门赐食百官。比如春日赐春饼，端午赐粽子。清朝皇帝也恩赏百官食物，但不在午门。

明朝时每年正月十五还会在午门悬灯赐宴，允许臣民前来观赏，彰显皇恩浩荡，与民同乐。

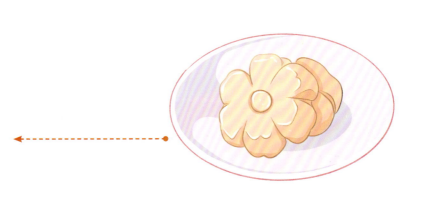

紫禁城正门

午门是紫禁城的正门，出入有着严格的规定。正中门只有皇帝可走，此外大婚时皇后入宫时可走一次，殿试后状元、榜眼和探花可从中门出。文武大臣出入走正东门，宗室王公出入走正西门。

颁布历书

历书大概相当于如今的日历，书中综合了年月日、节气和纪念日等重要数据，对农业的生产和百姓的日常生活都有重大的指导意义。每年腊月初一，皇帝在午门颁布对百姓极为重要的历书，举行颁朔典礼。

彰显国威

明、清两朝每逢重大征战凯旋，都要在午门举行隆重的献俘礼。将敌酋押至午门阙下，待皇帝下旨，大多交刑部处理，也有赦免的情况。献俘礼不是固定的礼仪，并非每位皇帝都能亲历。

外朝·三大殿

三大殿指位于中轴线上的太和殿、中和殿、保和殿，是紫禁城的中心建筑。由于三大殿位于中央，在五行上属土，五行有木克土之说，所以院中无一棵树，庭院宽广开阔。三大殿的正门是太和门，也就是外朝的大门，明代时皇帝御门听政就是在这里。

西华门

是紫禁城的西门。

西华门正对皇家园林西苑。清代帝后游幸西苑、西郊诸园，大多由此门而出。

清朝末期慈禧太后、光绪皇帝逃出紫禁城时便走的此门。

保和殿

举办国宴、殿试之所。

明清两代的用途不同,明朝时在太和殿举行大典之前,皇帝要在此更衣。清朝皇帝常在保和殿大宴群臣。自乾隆五十四年(1789年),才在此举行殿试。

中和殿

在太和殿举行大典之前,皇帝在此休息,并提前阅视祝文。

现存的中和殿是明天启七年(1627年)重建的,单檐四角攒尖顶,殿四面开门,殿顶正中有一鎏金宝顶。

太和殿

是举行重大朝典之地,俗称"金銮殿"。

太和殿是紫禁城中体量最大的殿宇。太和殿为重檐庑殿顶,屋脊两端设有大吻,戗脊上有10只小兽,大殿内外饰以成千上万条金龙纹,是中国现存规制最高的古代宫殿建筑,在现存古建筑中仅此一例。

东华门

是紫禁城的东门。

清代皇帝、皇后、皇太后死后的棺材由东华门出,所以东华门俗称"鬼门"。东华门门钉数为纵八横八六十四颗,是偶数,偶数被称为阴数。而故宫其他门的门钉数都是九行九列八十一颗,为奇数,即阳数。

三大殿·太和殿

所在位置

- 太和殿,俗称"金銮殿",建成于明永乐十八年(1420年)。明代称奉天殿,嘉靖四十一年(1562年)改为皇极殿,清代称为太和殿。
- 大殿面积2377平方米。
- 明清24位皇帝都在太和殿举行盛大典礼。

无以复加的皇权象征

太和殿在明清两代因雷击被火烧多次,现存的太和殿是康熙三十六年(1697年)重建完工的。太和殿的屋顶形式是中国古建筑中等级最高的重檐庑殿顶,正脊两端的大吻由13块琉璃构件拼接组成,高3.4米,重约4300千克。宫殿内檐外楣绘制的也是等级最高的《和玺彩画·双龙戏珠大点金》图案,沥粉贴金形式。

中国古建筑屋檐上的脊兽,一般以奇数数量出现,9只是最高的,但是太和殿的脊兽有10只,最后多了一个行什,象征了太和殿在皇权中至高无上的地位。

角脊

脊兽是我的朋友。来和我一起看看它们都叫什么名字吧!

骑凤仙人　龙　凤　狮子　海马　天马　押鱼　狻猊　獬豸　斗牛　行什

正脊
大吻
垂脊
脊兽

最尊贵的殿顶

庑殿顶是中国古代建筑屋顶的形式之一，由一条正脊和四条垂脊，以及四个坡面组成，又称四阿顶、五脊顶。庑殿顶可分为单檐和重檐两种，一般用于皇宫、坛庙。

重檐庑殿顶是古代等级最高的屋顶，除了太和殿，帝后的寝宫——乾清宫、坤宁宫，祭祀皇帝祖先的奉先殿、太庙大殿、景山的寿皇殿都是重檐庑殿顶。

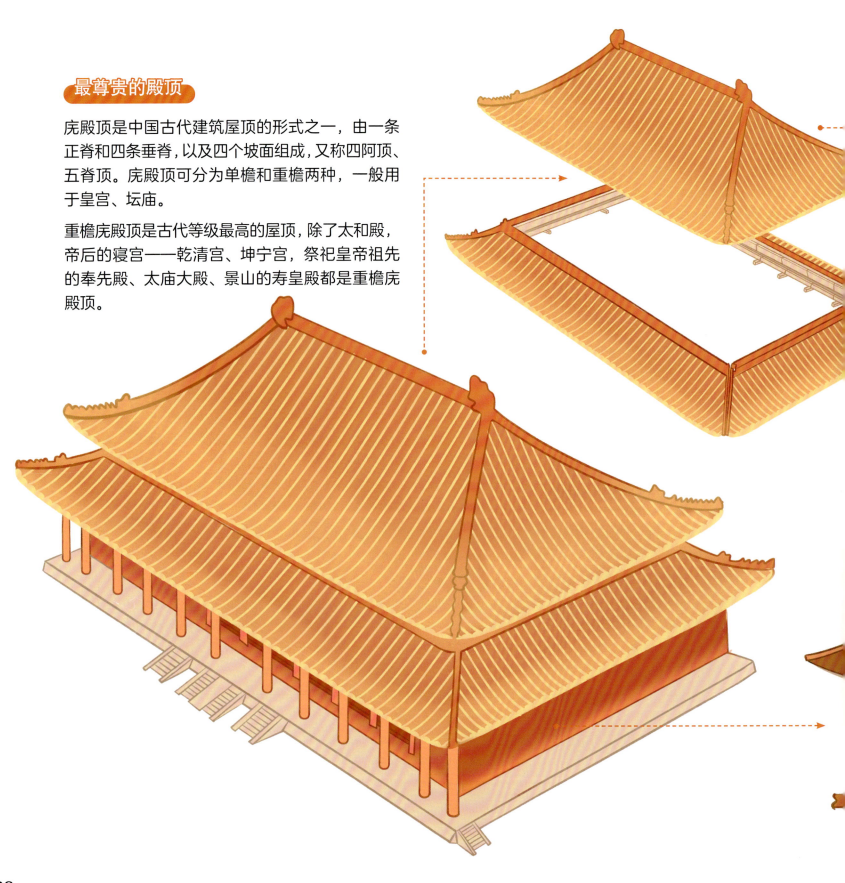

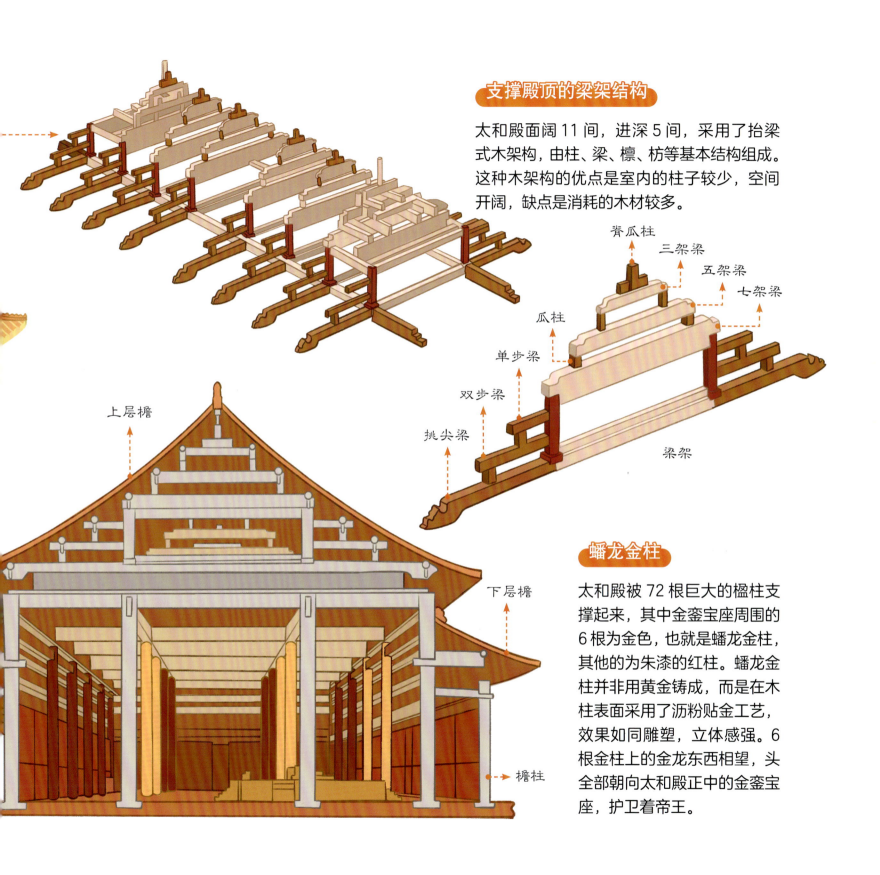

支撑殿顶的梁架结构

太和殿面阔11间，进深5间，采用了抬梁式木架构，由柱、梁、檩、枋等基本结构组成。这种木架构的优点是室内的柱子较少，空间开阔，缺点是消耗的木材较多。

蟠龙金柱

太和殿被72根巨大的楠柱支撑起来，其中金銮宝座周围的6根为金色，也就是蟠龙金柱，其他的为朱漆的红柱。蟠龙金柱并非用黄金铸成，而是在木柱表面采用了沥粉贴金工艺，效果如同雕塑，立体感强。6根金柱上的金龙东西相望，头全部朝向太和殿正中的金銮宝座，护卫着帝王。

内廷·后三宫

保和殿后，过了横街，就到了皇帝的家。乾清门是皇帝家的正门，后三宫指坐落在北京中轴线上的乾清宫、交泰殿和坤宁宫，是帝后的寝宫。穿过御花园，出了神武门，我们就走出了紫禁城。

乾清宫

是皇帝的寝宫，从永乐皇帝朱棣至崇祯皇帝朱由检，共居住过14位皇帝。

重檐庑殿顶的乾清宫，坐落在单层汉白玉石台基上。明代乾清宫内有暖阁9间，分上下两层，有27张床，皇帝每晚睡在哪张床上很少有人知道，以防不测。雍正皇帝及之后的7位皇帝都住在养心殿，乾清宫改为皇帝批阅奏章、处理日常政务的场所。秘密建储匣就放在此殿"正大光明"匾的后面。

御花园

是休息、玩乐、赏月、登高的场所。

明代称御花园为"宫后苑"，清代才称为"御花园"，是一处以精巧建筑和紧凑布局取胜的宫廷园林。

御花园的面积并不大，其南北深80米，东西阔140米，但古柏老槐与奇花异草，以及星罗棋布的亭台殿阁和纵横交错的花石子路，使得整个花园既古雅幽静，又不失宫廷园林的精巧大气。

交泰殿

是皇后生日（千秋节）受贺的地方，清代的 25 方玉玺存放于此。

交泰殿是一座方形单檐攒尖顶的小殿，于嘉靖年间所建。宝座上方挂着康熙写的"无为"匾，宝座后的屏风上是乾隆写的《交泰殿铭》，宝座两侧放置着清朝御用的 25 方玉玺，由乾隆钦定。

坤宁宫

是明代皇后的寝宫，清代用作祭祀之所。

坤宁宫坐北面南，面阔连廊九间，进深三间，屋顶为黄琉璃瓦重檐庑殿顶。坤宁宫始建于明朝永乐十八年（1420 年），最初为皇后的寝宫。清顺治十二年（1655 年）改建后，成为萨满教祭神的主要场所，同时也是皇帝大婚的洞房。

神武门·故宫博物院

神武门，是紫禁城的北门。初名玄武门，取古代"四神兽"中的玄武，代表北方之意，后因避康熙皇帝玄烨的名讳而改名神武门。1925年10月10日故宫博物院建立，神武门也成为故宫博物院的正门。

古代皇宫到国家级博物馆

故宫博物院是在明清皇宫及其收藏的基础上建立的国家级博物馆。它既是紫禁城建筑群与宫廷史迹的保护管理机构，又是以明清皇室旧藏文物为基础的中国古代文化艺术品的收藏、研究和展示机构。现有藏品总量已达180余万件（套），以明清宫廷文物类藏品、古建类藏品、图书类藏品为主。藏品总分25种大类别，其中一级藏品8000余件（套），堪称艺术的宝库。

父乙鼎　　　　金瓯永固杯　　　明孝靖皇后三龙两凤冠

平复帖　　　　千里江山图　　　清明上河图

脱胎朱漆菊瓣式
盖碗　　　　　宝相花纹镜　　　马家窑文化彩陶
　　　　　　　　　　　　　　　水波纹钵

银镀金点翠嵌珍珠　　掐丝珐琅缠枝莲
宝石花盆式簪　　　　纹象耳炉

43

北段

在元代，万宁桥又称"天桥"。当时皇帝忽必烈把京杭大运河修到了今天的积水潭，进入北京皇城的漕运船只必须通过万宁桥这个闸口，加上忽必烈进出北京也必经这里，才有了"天桥"这个叫法。

万宁桥

是皇城的后门桥。

万宁桥，又称后门桥、海子桥，位于北京地安门外大街，什刹海附近，原为木桥，后改为单孔石拱桥，始建于元世祖至元二十二年（1285年）。

2014年，万宁桥被列入世界文化遗产大运河的遗产构成。

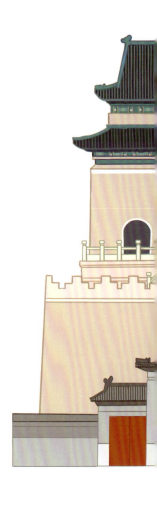

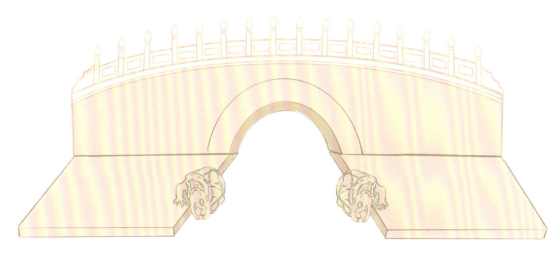

钟楼

钟鼓楼曾是元、明、清三代的报时中心。

钟楼占地约 6000 平方米,为重檐歇山顶建筑,通高 47.9 米。

钟楼内立有八角形木框钟架,架上悬挂着明永乐年间铸造的大铜钟。

雨燕说

北京的钟楼和鼓楼也被合称为"钟鼓楼",两楼前后纵向排列,是坐落在北京中轴线北段的一组古代建筑。

鼓楼

钟鼓楼始建于元代至元九年（1272 年）,经历多次重建。

鼓楼位于钟楼南边约 100 米处,占地面积约 7000 平方米,重檐歇山顶建筑,通高 46.7 米。

鼓楼二层有 25 面报时更鼓（1 面主鼓,24 面群鼓）。

景山公园

景山南门、绮望楼、万春亭、寿皇殿位于北京中轴线上。

景山在元代时称"青山",明代称为"万岁山",清代才称为"景山",曾是元、明、清三代的皇家御苑。

明永乐年间修建北京城时,将拆除元朝宫殿的废料和挖掘护城河的泥土堆积在此,并规整成了五峰并列的形式,使紫禁城宫殿处于依山傍水的环境下。据考证,万岁山的主峰正压在元代主要宫殿延春阁之上。清乾隆十五年（1750 年）才建了景山五亭和绮望楼。

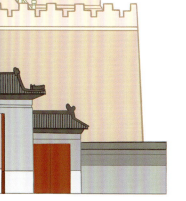

景山

所在位置

寿皇殿建筑群

寿皇殿建筑群位于景山的北面，始建于明代，于清乾隆十四年（1749年）被移建改制成现有的格局。寿皇殿内曾供奉从康熙至光绪八代帝后的画像和牌位。元旦、岁暮、令节及先帝诞辰、忌辰，皇室在此恭行大礼。

辑芳亭

与东侧的观妙亭相对而建，两座亭子的建筑形式和彩绘完全相同。

辑芳亭为重檐八角形攒尖顶，翡翠绿琉璃瓦覆顶，黄琉璃瓦剪边。亭高12.05米，建筑面积90.30平方米。

富览亭

与东侧的周赏亭相对而建，两座亭子的建筑形式、彩绘样式、亭子高度和建筑面积完全相同。

万春亭

北京中轴线上的制高点。

为三重檐四角攒尖顶，上檐和中檐均为九踩三昂斗拱，下檐为七踩重昂斗拱，黄琉璃瓦覆顶，绿琉璃瓦剪边，檐上有琉璃宝顶，亭高 15.38 米，建筑面积 296.5 平方米。

万春亭的彩绘为"旋子大点金龙锦枋心"，是中国皇家等级最高的彩绘形式。

观妙亭

与西侧的辑芳亭相对而建，两座亭子的建筑形式、彩绘样式、高度和建筑面积完全相同。

周赏亭

与西侧的富览亭相对而建，两座亭子的建筑形式和彩绘样式完全相同。

为重檐圆形攒尖顶，孔雀蓝琉璃瓦覆顶，紫晶色琉璃瓦剪边。亭高 11.75 米，建筑面积 76.36 平方米。

绮望楼

位于景山前山脚下，正对景山南门，明代这里曾建有一座五开间的大殿，称为"山前殿"。清乾隆十五年（1750 年），在原建筑的基础上兴建了绮望楼，歇山重檐，黄琉璃瓦顶，饰有大量彩绘。取名"绮望楼"，有登高远望、观赏美景之意。

鼓楼

- 北京鼓楼由墩台和楼两部分组成，台高4米。鼓楼的形制为重檐歇山顶，屋面覆灰筒瓦、绿琉璃剪边。环楼走廊四周设寻杖栏杆，四角飞檐有四根擎檐柱支撑，雄伟壮观。

为砖石结构，内部为拱券式结构。东北角设69级石阶可通上下。

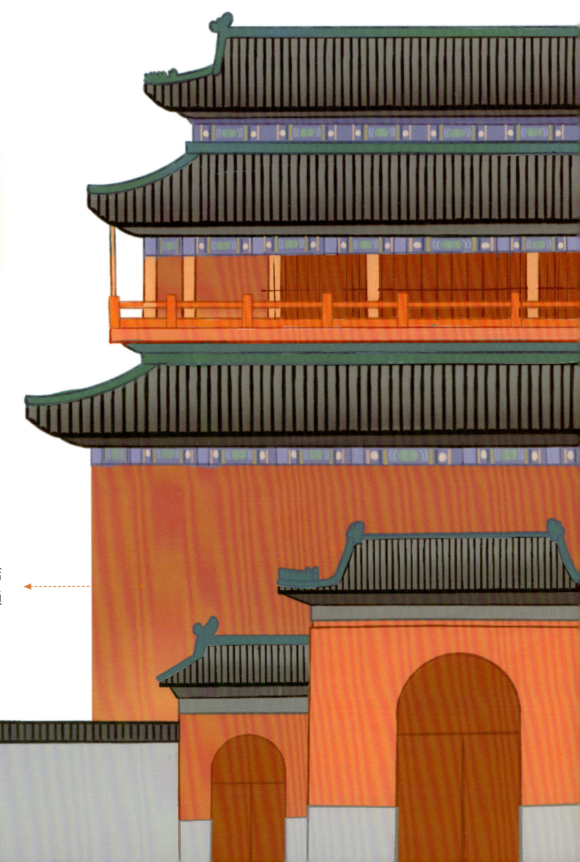

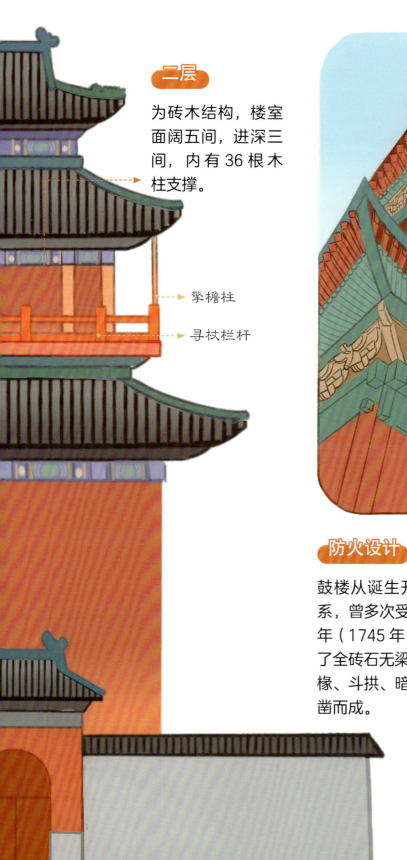

二层

为砖木结构，楼室面阔五间，进深三间，内有 36 根木柱支撑。

⇢ 擎檐柱

⇢ 寻杖栏杆

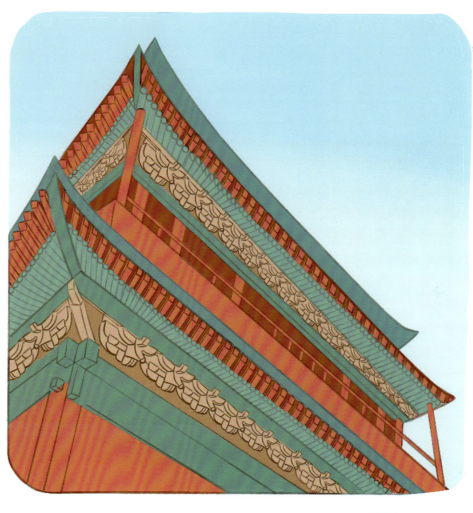

防火设计

鼓楼从诞生开始，因为木质材料的关系，曾多次受到火灾的破坏。清乾隆十年（1745年）重建时，整个建筑采用了全砖石无梁拱券式结构。梁、檩、檐、椽、斗拱、暗窗等建筑构件均为石料雕凿而成。

鼓楼内遗存有 25 面更鼓。其中 24 面是根据史料仿制的，剩余 1 面是从清朝末年留下来的主鼓。

钟楼

- 钟楼底层基座的四面均有券门，内部东侧设 75 级石阶可上至二层的主楼。
- 主楼面阔三间，上有黑琉璃瓦绿琉璃剪边覆顶，下有汉白玉护栏，四面分别开一座拱券门，券门的左右各有一扇石制雕窗。

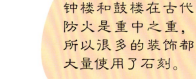

钟楼和鼓楼在古代防火是重中之重，所以很多的装饰都大量使用了石刻。

古钟之王

钟楼二层陈列的报时铜钟制造于明永乐十八年（1420 年）。铜钟悬挂于八角形木框钟架上，通高 7.02 米，钟体高 5.5 米，下口直径有 3.4 米，钟壁厚 12 到 24.5 厘米，重达 63 吨，是中国现存铸造最早、重量最重的古钟，堪称中国的"古钟之王"。

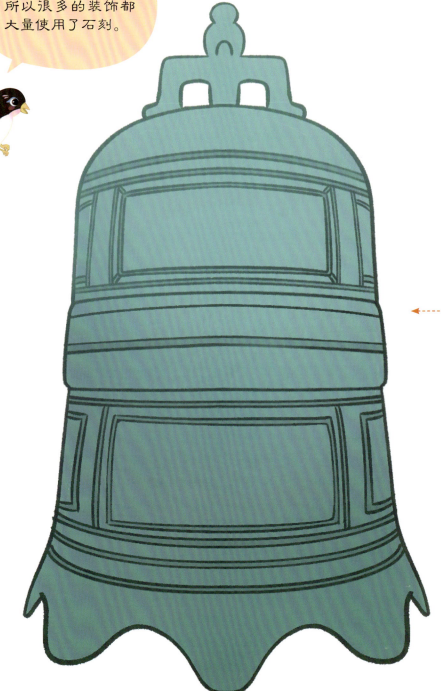

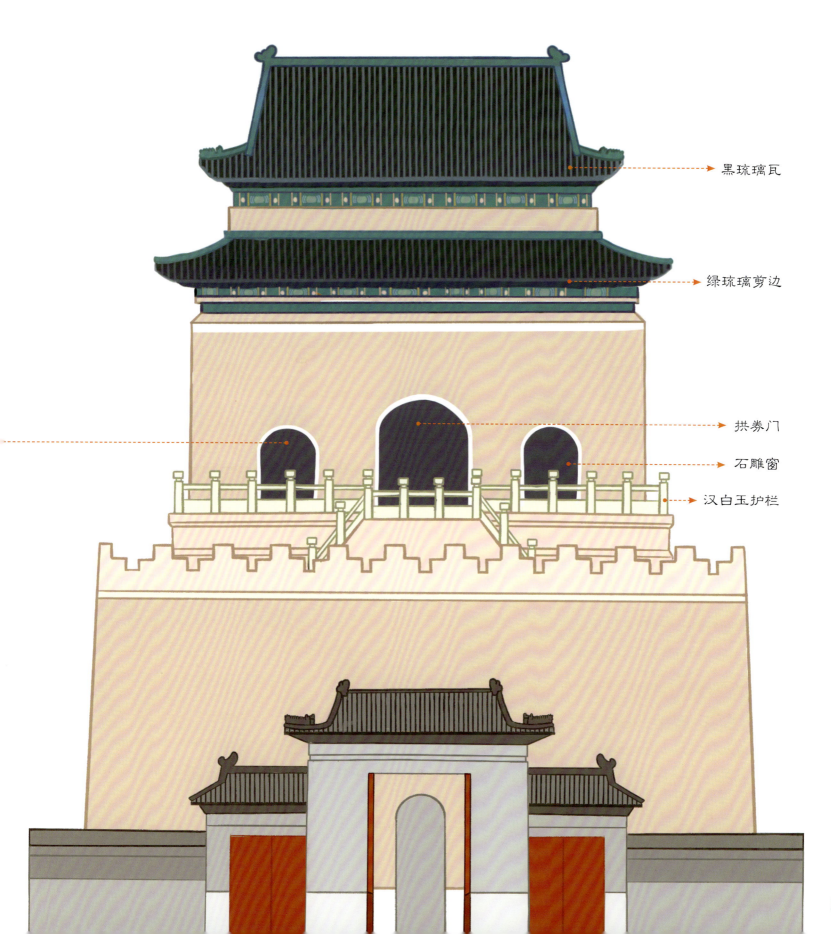

暮鼓晨钟——老北京的官方报时

鼓楼与钟楼同为古代有效管理都城生活的报时设施，通过报送时间来控制城门、胡同栅栏的开启与关闭，以及更夫的巡夜时间。

暮鼓晨钟

古人以日出和日落为标志，将夜等分为五份，每份为一更，每更为一个时辰，即现在的两个小时。定更和亮更，也就是大概日落、日出的时间，要先击鼓后撞钟，二到四更只撞钟不击鼓。所以，每日报时始于"暮鼓"止于"晨钟"。

清朝的时间名称

定更/起更：黄昏戌（xū）时（19—21点）
二更：人定亥时（21—23点）
三更：夜半子时（23—凌晨1点）
四更：鸡鸣丑时（凌晨1点—3点）
五更/亮更：平旦寅时（凌晨3点—5点）

前后间隔仅 100 余米

击鼓的方式

"紧十八、慢十八、不紧不慢又十八",如此击鼓两遍,共108下,而古人用108代表1年。

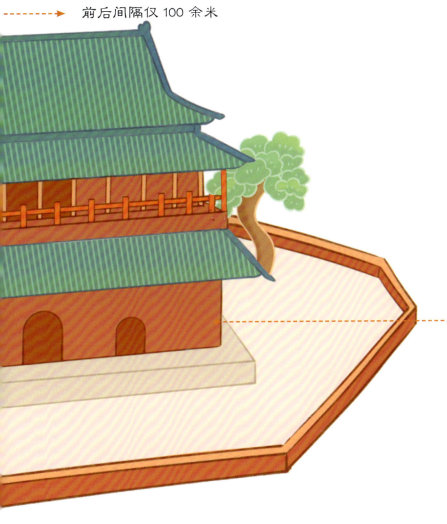

向北延伸

所在位置

国家游泳中心

别名"水立方",是2008年北京奥运会的精品场馆和2022年北京冬奥会的经典改造场馆。

2003年7月28日,设计方案正式确定,简称"水立方";同年12月24日,奠基土方及基础处理工程开工;2008年1月,正式竣工。2008年北京奥运会时作为游泳项目的比赛场馆,2022年北京冬奥会时变身"冰立方",成为很多冰上运动项目的比赛场地。

随着北京申奥成功,中轴线继续向北延伸。

以中轴线北延长线为轴,水立方与鸟巢分列西东,遥相呼应,形成对称的建筑格局。

国家体育场

别名"鸟巢",是 2008 年北京奥运会的主体育场。

2003 年 12 月 24 日建设开工,2008 年 6 月 28 日顺利完工。"鸟巢"的外形结构主要由巨大的门式钢架组成,是世界上唯一一座同时举办了夏奥会开闭幕式和冬奥会开闭幕式的体育场馆,是奥运和中国体育发展的标志建筑。

国家体育场（鸟巢）

- 位　　置：北京市朝阳区北京奥林匹克公园。
- 作　　用：2008年北京奥运会主场馆、2022年北京冬奥会开闭幕式场馆。
- 规　　模：占地面积20.4万平方米，建筑面积25.8万平方米，可容纳观众9.1万人。
- 建筑物参数：长轴为333米，短轴为296米，最高点高度为69米，最低点高度为41米。

双层膜的屋顶

鸟巢的屋顶钢结构上覆盖了双层膜结构。半透明的PTFE声学吊顶位于内环侧壁，主要起到吸声和吊顶装饰的作用，所以鸟巢很适合开演唱会。外层则是ETFE膜，具有高透光线、耐用性、防火性、自洁性等优点。

内部看台

体育场内部为均匀的碗状结构形体，这样的设计有连贯一致的外表，座席的干扰被控制到最小，声学吊顶将结构遮掩，使得场地上的活动成为注意焦点。

鸟巢钢

鸟巢外部钢结构的钢材总重量高达 4.2 万吨，材料是由中国自主研发的特种钢材 Q460，具有高强度、高韧性等特点。

环保

顶部有雨水回收系统。

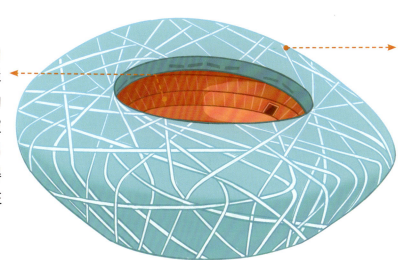

国家游泳中心（水立方）

- 位　　置：北京市朝阳区北京奥林匹克公园。
- 作　　用：2008年北京奥运会、2022年北京冬奥会的比赛场馆。
- 建筑物参数：长为177米，宽为177米，高为30米。

气枕

组成水立方的"水泡"其实是气枕，一共用到了3000多个气枕，其中最大的一个达到70平方米，最小的1～2平方米。

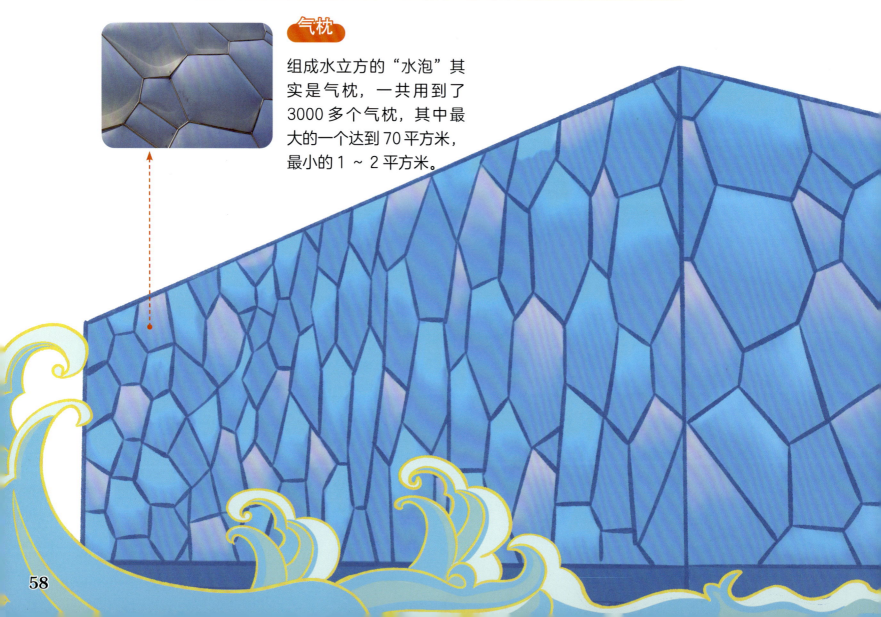

入夜后开启灯光的水立方

材料

气枕就是 ETFE 充气膜结构，ETFE 的学名叫乙烯－四氟乙烯共聚物，是一种无色透明的颗粒状结晶体。做成膜后其重量仅为同尺寸玻璃的百分之一，是目前世界上最先进的薄膜材料。

透光性

一般体育场馆是全封闭的，无论白天还是晚上都采用人工照明。但水立方的白天有很好的自然采光，这要得益于 ETFE 气枕膜的高透光性。

奥林匹克森林公园

- 位　　　　置：北京中轴线北延长线上
- 公园占地面积：680 公顷
- 南园占地面积：380 公顷
- 北园占地面积：300 公顷
- 绿化覆盖率：95.61%

设计理念

通往自然的中轴线

奥林匹克森林公园是对中轴线文化的传承和升华。山水错落，负阴抱阳，取"仁者乐山，智者乐水"的意境。龙形水系，有着"水不在深，有龙则灵"的文化含义。人与自然的和谐共处也是中国造园技艺的最高境界。

重要的景点

仰山

"仰山"与"景山"相互呼应，取自《诗经》中的名句"高山仰止，景行行止"，充满和谐平衡的意蕴。

奥海

北京传统地名中的湖泊多以"海"为名，又与"奥林匹克"的"奥"字结合，有着奥秘、玄奥之意。奥海的造型蜿蜒如龙首，景观河道蜿蜒如龙身，组成了"奥运中国龙"的壮观景象。

天境

仰山峰顶的景观名为"天境"。于天境之处可以俯瞰奥海，回望北京中轴线。天境上栽植了29棵松树，象征着在北京举办的第29届奥运会。